Um verso e Mei

Meimei Bastos

Um verso e Mei

malê

Copyright © 2017 by Malê Edições
Todos os direitos reservados.
ISBN 978-85-92736-23-1

Editor: Vagner Amaro
Revisão: Francisco Jorge
Ilustrações: Hudson Dias

Texto revisado segundo o novo Acordo Ortográfico da Língua Portuguesa.
Proibida a reprodução, no todo, ou em parte, através de quaisquer meios.

Dados internacionais de catalogação na publicação (CIP)
Vagner Amaro CRB-7/5224

B327t	Bastos, Meimei
	Um verso e Mei/ Meimei Bastos. – Rio de Janeiro: Malê Edições, 2017.
	74 p; 19 cm.
	ISBN 978-85-92736-23-1
	1. Poesia brasileira I. Título
	CDD – B869.1

Índice para catálogo sistemático:
I. Poesia brasileira B869.1

2017

Todos os direitos reservados à Malê Editora e Produtora Cultural Ltda.
www.editoramale.com.br
contato@editoramale.com.br

às mãos e
corações
de meus pais,
filha,
irmãs e irmãos de caminhada.

à quebrada!

somos eu,
sou **ela**.

ACHADOR

Caligrafia **9**   Provocador **10**   Quebrad I **11**

Aquilo que vai, mas fica **12**   Tremores **14**   Aduba ou poda **15**   Devagar **16**   Feijão **18**   Quebrad II **19**

Quintal **20**   Nós **23**   Ancestral **25**   Expansão **27**

Logradouro **28**   Lonjuras **32**   Aquarela **33**

enCONTROVERSO **35**   Uniquebra **36**   Utopia **37**

Diz do auto amor, ou siririca **39**   Poema de três **42**

Caça **43**   Mantra **45**   Quebrad III **46**   Partir **48**

Eixo **52**   Rivotril **53**   Não só rio mais **54**

Sororidade **55**   Silêncio **57**   Ipê **58**   Pai menino **59**

Vó **61**   Diáspora **63**   Airam **66**   Teimosia **69**

*minha só a caligrafia. nas entrelinhas destes versos
sou toda gente quebrada.*

PROVOCADOR

provoca dor
Estado

prova a dor
nós.

QUEBRAD I

de um lado, dia,
do outro, ainda noite.
quem levanta de madruga
pra enfrentar o corre do mundo
tem, às vezes, dessas alegrias
de ver o céu manchado
de um laranja preguiça.

desses fenômenos que só acontecem aqui.

é que a minha quebrada
fica no ponto exato da terra
onde dá de ver o céu mais bonito.

AQUILO QUE VAI, MAS FICA

toda vez que vai
murcha
folha
viro

é quando um tempo
leva mais que dois
meu e seu
e um dia
vira uma semana
de agonia.

me maltrata feito
o pão que o Diabo amassou,
como se minha saudade fosse
castigo por todos os pecados do mundo.

viro alma penada
perambulando pelo purgatório
da tua ausência.

viro vítima
morta à unha

pela vontade dos olhos
de lhe sentir
no escuro

a perna
triscando quente,
o encontro dos braços
de vez em todas o meu corpo
entregue ao seu.

viro
suspiro
neste segundo infinito
disso que não sei dizer
mas meu coração palpita.
esse, que deve ser o lugar
pra onde quem ama
quer sempre voltar,
ainda que lhe traga

saudade,

é a vontade
que um segundo
tem de virar
eternidade.

TREMORES

do outro lado da rua um homem,
do lado de lá do prédio fumava.

o que pensava o homem?
pesava o homem?
sentia homem?!
tremia, eu via.

o cigarro
trêmulo em suas
mãos cansadas,
não mentia.

do lado de cá da rua do prédio, eu gritava:

me veja!
me veja!
me veja!

tremiam as minhas pernas
perguntas:

quanto amou o homem?!
quantas histórias têm suas rugas?!
viveu todos os anos que tem
ou passaram cansados?!
chegou ali por quem?!

do outro lado da rua
do prédio do homem, janelas.
Em cada janela
vida.

tremiam as minhas pernas
perguntas.

ADUBA OU PODA

a poda quando muita
mata o feijão
quando broto
solto,
não sabe florar.

se poda demais de um lado
tem chance de
endireitar,
pré-conceituar

con serva
a
dor.

questão é:
em que lado,
de que jeito,
a gente "poda"
pra libertar?

poda, aduba.
de amor.

DEVAGAR

esqueça tudo que possível for.
este é um poema pra você!
desprenda-se
de tudo que poderia ter
sido
ou não,
siga.

o caminho só pode ser
sentido no peito do pé
que segue o coração.
existem regras
mas é tudo uma farsa!

veja o que conquistou.
a vitória também percebe a ingratidão.
não devore o mundo,
saboreie.

se não puder correr,
caminhe!
passos lentos proporcionam as melhores vistas,
correndo tudo vira borrão.
não marche!

se construir é doído,
desconstruir-se
esmiuçar-se
desmembrar-se
desfazer-se,
também.

tenha paciência consigo,
comigo.

não se desespere!
nada disso existe.

o que realmente existe
são árvores, montanhas,
úteros, passarinhos, água, Sol,
nuvem, crianças e terra.
o que não vem desses, vende-se,
mas não existe.

dívidas só existem quando podem ser pagas por igual.
dívida paga com dinheiro
não é paga com dinheiro,
mas com vida, e
dívida paga com vida
não tem reembolso.

a vida é cara
como água,
não tem preço.
não se desespere!

a correnteza é forte
para que os trancos
no rio não a façam
parar.
a correnteza você,
eu.
os troncos,
trancos.
o rio
a
vida.

FEIJÃO

quem paga o salário da poeta?
a palavra?

de mãos atadas não
custeia
conta
luz
água
aluguel da casa
a comida da menina.

poesia não pode ser vendida.
palavra escrita não sentida
não faz sentido nenhum,
nem aqui nem em lugar algum.

quem teima em vender poesia
corre risco de sete anos de azar,
paralisia nos dedos da língua
da mente seca de inspiração
palavra não vai mais brotar
na terra da sensibilidade
insensível aos olhos cegos.

vai comer de quê?
morar o quê?
De palavra?
vou viver poesia!

QUEBRAD II

na minha quebrada
além de peita e broca barata
tem uma hora do dia
(aquela em que o Sol começa a
se pôr aqui pra nascer em outras quebradas)
que os paralelepípedos
de concreto e areia
refletem a luz
absorvida
de todo dia.
somando com a do poste
que no automático
acende ainda no claro
(deve tá aí a minha birra com essas paradas programadas, que
só fazem o que têm de fazer na hora que mandam,
sem nem pensar em uma outra lógica menos lógica que a do
relógio, que na hora errada manda eles acender. vai entender!),
daí, até virar breu mesmo
é miliano.

aqui, no cumprimentar
nós olha nos ói,
dá bom dia pra tia,
pro menor na quina,
pra mina da padaria,
pro tio do verdurão.
não tem bisu errado,
não tem de querer ser,
pois nós
já é.

QUIN TAL

quando eu era pequena
e só sentia
bom
quintal
ruim
briga
e brincava de tatu bolinha
comendo bananinha de trevo de
quatro folhas
azedinha
até a Lua aparecer
e meu paraíso virar céu inteiro
eu não sabia que o lugar
onde vivia
tinha nome, causa
e classe.

era só quando saía
várias distâncias
em horas de baú,
que percebia.
na rua asfaltada,
mais de um carro,
casas rebocadas,
gente vestindo roupa de sair
em casa.
o canto
onde minha casa
pousava era diferente.

minha mãe dando faxina,
minha mão coçando
pra malinar.
meu olho desacostumado
com tanta parede pintada,

água encanada,
com um quarto só de livro,
outro só de brinquedo.
puxa!
eu não entendia
porque ali tinha
e lá não?

hoje eu sei
mas ainda não aceito.

alegria quando tomava o Danone
que a dona dava
e dizia: que menina inteligente!
cuidado pra não se perder!
'pessoa de bem',
fazendo sua parte,
cumprindo sua cota de caridade.

dizia isso porque não sabia
que eu já era graduada
na vida,
daquele tamaninho
eu já cuidava dos meus irmãos
e sobrinho
já tinha ouvido mais de várias vezes no dia
tiro.
já tinha vizinho finado
de bala.
lá antes de nós nascer
já tinha perdido um bocado
de liberdade e direito.

ela dizia pra eu não me
perder!
o que, dona?
ainda tem mais?

hoje eu sei.
se nós não cuidar
têm.
eles sempre dão um jeito
de tirar mais.

era minha mãe acabar de passar as roupas
e a gente ia embora.
eu ficava contado estrada.
logo depois do balão que tinha um passarinho,
eu sabia que tava perto.
na entrada morava uma santa
que o povo chamava de Maria,
Santa Maria.

quando chegava em casa
via meus irmãos,
o Brendinho
dividia os biscoitos que minha mãe
tinha me dado pra comer no caminho,
corria pro quintal
e ia ver o céu.
pedia pra maminha temperar a água
pra eu banhar ali mesmo
na bacia,
no terreiro.

aí, eu imaginava
que o teto da minha casa
era pintado de estrelinhas

e era.

nós por nós, em língua de patrão é chibata.

ANCESTRAL

fosse só por
ouro,
terra,
prata,
não!
era ruindade,
vinda da outra
banda do mundo.

tiraram tudo que fosse
de alcance das mãos
e mais um pouco de dignidade.
ruindade pura.

o que minha vó sabia contar
era que sua mãe foi pega no laço,
no meio do mato de algum lugar
e, que não sabe como,
por intermédio de quem,
vendida talvez,
minha bisa
se juntou mais seu pai.

das ruindades tudo,
essa de ter se perdido
no meio da história
deles,
pra mim, a pior.
ser de lugar nenhum
Brasil.

negra demais pra ser branca
(que eu nem queria),
clara demais pra ser negra.

morena,
cabocla,
mulata.

que é pra não ter
passado,
pra ser parda,
sem raça,
Brasileira.

qualquer coisa disso
que dizem ser
conceitos,
definições.
como se a minha ancestralidade
coubesse em rótulo,
enlatada,
vendida.

ancestralidade
é a teimosia da sabedoria
e do brio de um povo.

passou pelos meus
veio pra mim.
por mais que queiram,
ela não se oculta,
nem se apaga.
no coração reside,
resiste.
bate tambor
pulsa maraca.

obedecem os pés
aquilo que o coração ordena.
permanece a alma
onde o coração habita.

expansão.

LOGRADOURO

bastou o meu CEP.
minto! meu CPF.
não! meu RG...
minha certidão de nascimento!
NÃO! eu só tô falando de documento.
não é isso que eu quero dizer.
é que ...
BASTOU EU NASCER!
ISSO!

bastou eu nascer pra começar a luta.
eu não precisei ler Marx
pra saber que a luta era de classes.
que meus pais passavam mais tempo no trabalho
que em casa
e que 'alguém' ganhava mais por isso
e, que 'alguém' NÃO era eles.

Que o lugar onde eu moro
não é mero acaso,
é de caso pensado
pra separar
o joio // do trigo
os "pobre" // dos ricos
os que ganham
//
dos que servem.

eu não li Beauvoir,
fiz foi presenciar a covarde
"superioridade" masculina.
daí, que eu me inventei feminista,

sem nem saber,
que toda vez que me punha na frente
pra defender
com pouco mais de quatro anos
eu já lutava
contra o que tempos depois
iria conhecer pelo nome machismo.

eu num li foi nada!
fiz foi **viver!**
ver,
vejo!

mas tem gente que nasce duas vezes.
uma vida, a gente ganha quando
no ato de parir
a mãe traz a gente pro mundo.
aí a gente vai crescendo,
brinca,
vai pra rua,
vê TV,
vai pra escola
e a gente começa a desgostar
de ter nascido.

é quando a gente sente vergonha
da casa,
das roupas,
(passadas do mais velho pro mais novo)
dos dedos fora do chinelo,
da cor
do cabelo.
nessa hora, a gente tá quase morto,
mas tem quem goste de chutar cachorro morto.

já não bastasse sentir vergonha,
não querer ser,
ser como é, é motivo de desconfiança,
é perfil de marginal.

pode parecer mania de perseguição
(só que não),
vai ter sempre um passo seguindo você,
no supermercado,
na farmácia,
no armarinho,
onde tiver mercadoria
cê vai ser vigiado.

tem sempre um passo,
um passo atrás,
pro trabalho,
pra faculdade.
pra tudo que pode ser nosso
mas não é.

tudo que é negado,
seja na falta de livro
ou nos tiros.

mas gente que morre
de morte morrida de si
por si,
no caminho do calvário,
vê que a força está para além das mãos,
ela está nos corações fortes.
aí é quando a gente se pari.
é no segundo nascimento
que a gente se dá conta

que todas as dores antes sofridas
eram o preparo pra essa nova vida.

a gente nasce outra vez,
RESSURGE,
se reconhece,
não tem passo atrás,
só avante!
porque o que não mata, **fortalece!**

LONJURAS

impressões do caminho de volta:
os olhos quando não acostumados a grandeza das coisas, fazem de aquário mar, gaiola ninho e avião foguete. Sonho e vislumbre só dependem de quem os vê. 1001 será 1001 mesmo ao contrário, sempre, em qualquer lugar do mundo. o mesmo com o 101, 111 ou o que quer que seja que não permita subverte-se. **Permita-SE. Permita SER.** acordar na beira do continente e ir dormir no planalto central silenciosíssimo cerradológico distrito federalense, mesmo uma ponte de uma hora e meia, não previne saudades. pior que engolir sapo é engolir choro. pior ainda se o choro for causado por lonjura. qualquer palavra escrita não sentida não faz sentido. do céu visto de cima (lá de cimão acima das nuvens) a certeza que fica é de que o sol sempre estará forte a brilhar, ainda que visto de baixo pareça nublado ele tá lá o que o encobre são nuvens. nuvens que diluem, viram água. arco-íris.

A QUARE LA

um pôr do Sol tão lindo
pintou o céu da quebrada
de um vermelho-alaranjado
vibrante
intenso,
puro
de esperança.

a quebrada tem dessas coisas de esperança e luta.

não resisti, desci
e fui pedir colo pro Sol.
afago,
acalento,
chorei de dor pelo golpe.

envolta em luz
e calor,
senti no coração ele dizer:
há de se ter esperança!
pense o retrocesso tendo como vista
a própria vida.

o humano antes de adulto
é criança, cheia de inocência,
sonho,
e vida.

a planta antes de florescer
e dar frutos
é semente,
que pacientemente espera

a formação de uma raiz forte
que suporte a grandeza
de seu tronco,
que resistirá às tempestades
e aos ventos fortes.

para dar um grande salto
é preciso dar um passo atrás,
repensar,
reposicionar,
ressignificar,
renovar,
respirar
pegar impulso
e finalmente saltar,
tão alto que estará fora do alcance de todo mal.

ter a chance de voltar atrás,
mesmo contra nossa vontade,
pode ser uma boa oportunidade
para trilharmos novos caminhos.

o Sol me disse que para dias como este
é preciso ter paciência,
perseverança
e esperança, sempre.

na quebrada principalmente,
porque aqui, a luta nunca acaba.

enCONTROVERSO

poderia ter sido um verso
efêmero e belo,
uma rima linda e finda,
de algum poema meu.

imprevisível e livre
que é
(como o ar no teu signo),
preferiu ser poema inteiro.
um daqueles que não escrevi,
que não publiquei,
que não mostrei a ninguém.

um daqueles poemas
que de tão lindos
ficam guardados
dentro da gente.

sendo sentido
dando sentido
sendo
a própria gente.

você é aquele melhor verso
que não escrevi.

UNIQUEBRA

Quebrada,
uni-nos!
ainda

que

distante

todos
os dias
logo
cedo partimos

por estradas outras

destino,

mas o mesmo

piloto.

UTOPIA

aquela hora do dia
que nenhum lado te privilegia.

não importa em que lado
do ônibus cê sente
ou o sentido para qual se desloca,
o Sol forte vai bater na tua cara.

vivemos tempos ensolarados,
daqueles de deserto,
sem nenhuma miragem,
temos areia nos olhos
e quase nenhuma esperança.

em tempos como este,
é ainda mais importante
lutar.
não somente contra o que nos arde
mas combatendo aquilo que
momentaneamente nos cega.

é preciso lutar!

ao lado e pelas
muitas minorias
que dia a dia
enfrentam e
resistem
a escassez imposta.

Na labuta diária há muito,
muito mais do que se vê.
há coisas nas entrelinhas
que não foram escritas

nem lidas,
mas são verbo.

é preciso lutar
para não se deixar abater.
para que o horizonte esteja mais próximo
para os nossos,
pelos os que ainda vão nascer.

DIZ DO AUTO AMOR, OU SIRIRICA

quando menina me diziam:
SE TOCA!
se comporta.
senta direito.
fecha essas pernas.
isso não é coisa de menina!
não pode isso,
não pode aquilo.

SE TOCA!

anos depois,
virei moça.
da infância resistente
carreguei o apelido:
Maria João.
sem entender direito aquilo,
eu achava bonito
fazer como os meninos.
correr sem rumo,
sem me preocupar com saia,
atrás de pipa
de bola.

até que me gritaram:
JOGADA!
daí, vieram os nomes sujos.

mesmo com a patrulha
e os cuidados de meus pais,
meu destino pro povo tava dado:
puta ou
drogada.
esse é o futuro
de moça que se mistura!

se tivessem apostado no "mãe solteira",
teriam acertado.

(esse *status* eu tenho orgulho em carregar, porque me neguei a
ser saco de pancadas e fugi ao primeiro sinal de taca)...
e da infância resistente eu carreguei a
teimosia,
fiz TUDO ao contrário.

o que eu não entendia era que eu não fazia diferente dos meninos,
mas os palavrões só se referiam a mim.

SE TOCA! você é mulher,
tem que se dar ao respeito,
tem que se valorizar!

SE TOCA!

e então, eu me toquei.
toquei meus cabelos,
meus lábios,
meus seios,
minha pele,
meu clitóris,
minhas marcas.

aaah ...
me amei!

amei a forma e a
textura do meus cabelos,
a cor da minha pele,
meu corpo
que imita meus cachos,
que mesmo marcado
pelas estrias da vida
é belo na sua (RE)existência.

amei a minha história
de menina criada em quebrada.
senti orgulho do lugar de onde eu vim
e de tudo que eu conquistei até aqui!

e num orgasmo,
presente dado por mim,
para mim
por minhas mãos
de dedos sensíveis
e calejados,
me senti e
me aceitei,
assim como sou.

agora nem pele clara,
nariz fino,
cabelo liso,
português bem dito,
rua asfaltada,
CEP grã-fino,
nem mesmo farda,
nada me rebaixa!

e eu não pertenço a ninguém!

me tocar foi o melhor presente
que me dei.

POESIA DE TRÊS

Três sorrisos na rede
Um balançar aconchegante
A fumaça dança ao som de Caetano
Pés descalços
Existências compartilhadas
Existem arco-íris em nós
Palavras beijam as nossas bocas
Contamos da vida
dos amores
dos desamores
E florescemos.

Fernanda Lobo, Meimei Bastos e Vanessa Dourado

CAÇA

aqui do lado.
onde eu estava
que não fiz nada?
ataram minhas mãos
e eu sinto medo.

quem será a próxima?
só Deus sabe!

bem que ele podia falar pra nós.

pode ser eu.
pode ser você
ou alguma próxima a nós.
e de pensar que eu tenho uma filha,
mãe, irmãs...
que mal há em ser mulher?
me diz, vai!
porque a tua vida vale mais do que a minha?

eu não aguento mais,
morrer um pouco a cada dia
tá matando comigo.

eu não aguento mais apanhar sem bater,
morrer de bala, esquartejada,
jogada pros cães, arrastada.
porque a tua vida vale mais do que a minha?

todos esses séculos sem revide.
"dê a outra face",
veja só no que deu.

tá na hora da gente jogar um jogo,
tipo jogos mortais.

pra cada mulher agredida,
torturada,
assassinada
a gente cata
alguns de vocês.

reúne as minas,
bora sair pra caçar...
tá aberta a caça!
tá na hora do revide!

a tua vida não vale mais do que a minha!

MANTRA

dizia com força, quase como um mantra: não quero mais saber desse negócio de amor não, não quero mais saber desse negócio de amor não. repetia, repetia e chorava. repetiu e chorou tanto tantas vezes, que se deu conta da sorte inconsciente que lhe condicionava e do erro de português que lhe salvara. Pois, quando há dois "nãos" numa mesma oração, ao invés de ser uma negação, transforma-se em afirmação. é a negação da negação. o que na verdade dizia, era: quero mais é saber desse negócio de amor!
por sorte! o que seria do Amor Puro se não fosse o amor?!

alguma coisa qualquer, menos ela.

QUEBRAD III

em todo canto que eu vou
a quebrada tá comigo.

no baú todo dia o sinhozinho
leva minha mochila.
já virou rotina.

bom dia seu sinhó!
bom dia menina, dáqui sua mochila!
dou!

a gente sorri com os ói
e segue viagem.

na rodô, trombo um maluco
que eu via na quebrada
quando eu era menor.
filho da dona menina,
o cara é gente fina
só tá perdido,
mas sempre atento,
ligado no movimento
dos outros maluco
da selva de pedra.
boto fé que ele nem lembra de mim.
é que eu cresci
mas o olho continua igual.

na hora do rango,
mirei a tia que mora na CEI,
que outro dia eu trombei na feira.
maior alegria encontrar a tia de quebrada,
dando rolê
maior à vontade,
sem uniforme.

nóis tá em todo lugar.
já pensou se a gente resolve cobrar o que é nosso?
com juros e correção monetária.
que nem cês faz com nós
nos caixas.
era treta pra vocês.

por isso, eles tentam nos atrasar.
negam educação
pra gente não avançar.
escola de ensino médio
pra quebrada inteira,
norte
sul,
só duas.

mas, mais ensino médio pra quê?
se no fundamental os menor já tão se perdendo
na falta do professor.
o corre na esquina
é o plano de extermínio,
manutenção da opressão.

gafanhoto
acostumado a vida mole,
farinha láctea,
leite de pêra,
têm na ideia
que é obrigação da formiga
sustentar.

a real é que eles têm medo
do formigueiro se atiçar,
da gente se armar de conhecimento.
eles tão ligados que quando nós
respirar nós,
eles morrem sem ar.

PAR TIR

meus botões e eu estávamos batutando.
qual a construção
morfossintática,
epistemológica,
empírica,
da palavra
PARTIR?

num júri
popular
democrático,
esquerdista,
bolivariano,
feminista,
constatamos que a palavra
era uma armadilha.

ela divide não só no viver,
mas na ambiguidade da sua significância.
partir também significa dividir.
 não o dividir de compartilhar,
é separar.

partir vem do sentir
pedaço
que
vai.

como de costume pensei e pesei.
mas que pedaço é esse que vai?
DE VIDA.
DIVIDA.
não nos divida!

o acostumamento da rotina
que não é a sua
com a minha,
inevitavelmente
se chamaria saudade.

que eu vivo no
esmagamento do tempo,
não desse biológico,
fisiológico,
natural,
mas o engrenado,
esse de relógio.

que mais parece
uma bigorna
a sufocar
os pulmões
dos corações.

quando chegou
nem vi.
ficou e
agora
vai.

é como se eu tivesse acabado de deitar
e já fosse dia.
como naquela hora que a gente
dispara
a correr,
caí,
começa a voar,
dá de cara no
chão e era
sonho.

é que eu tenho a impressão
que o tempo pra gente
não é relativo.
é CORRIDO.

quando vejo,
acabou.

saio do trabalho
corro pra beijar teu olho
olhar tuas bocas.

chego, olho
no relógio
18 hrs.
te beijo.

passo pela sala
olho mais uma vez,
vinte e três!
digo, onze.

é que eu me embaralho
toda nisso
de um e treze,
de AM e PM.

que pra mim,
nada mais é
que antes do amor
e depois do amor.
e o meio disso tudo é
catarse é
nirvana!!

estado de redenção
espontânea
da boca
do corpo
da alma.,

abro os olhos,
derreti,
toda em ti.

EIXO

tinha um Eixo atravessando o meu peito,
tão grande que cortava minha alma em L2
Sul e Norte.

uma W3 entalada na garganta virou nó.
eles têm o Parque da Cidade.
nós, o Três Meninas.
eles, a Catedral.
nós, Santa Luzia.
eles, as Super Quadras.
nós, a Rocinha.
eles, Fonte Luminosa.
nós, Chafariz.
eles, Noroeste.
nós, Santuário.
eles, Sudoeste.
nós, Sol Nascente.
eles, o Lago Paranoá.
nós, Águas Lindas.

sou filha da Maria, que não é santa e nem puta.
nasci e me criei num Paraíso que chamam de Val
e me formei na Universidade Estrutural.

não troco o meu Recanto de Riachos Fundos
e Samambaias verdes
pelas tuas Tesourinhas.
essa Bras(ilha) não é minha.

porque eu não sou Planalto,
eu sou periferia!
eu não sou concreto,
eu sou quebrada!

RIVOTRIL

dormiu sentindo uma coisa ruim no corpo. no outro dia, foi despertado bem cedo por aquela gastura. era um tipo de coisa ruim que não tem nomenclatura, só se sentindo pra saber. pensou que era comida, podia ser, com tanto veneno que colocam nos de comer, era bem capaz que fosse.
não era. achou que fosse estresse do trabalho acumulado, do ônibus apertado, da pressão do patrão, da falta de sorriso, de mato, de afeto, do tanto de concreto nos olhos. concreto de ter encontrado seu mau, porque outro não fazia sentido. era tanto concreto pra todo lado, que ele pensou que seu coração tinha virado um bloco. coitado! mas diante dos fatos era capaz que fosse mesmo isso, era um fato concreto!
tava assim sem saber, só sentindo. achou que devia procurar um doutor, alguém mais capacitado a desvendar gasturas inesperadamente indesejadas de gente que tem o coração concretado.

- alô!
- concretude, bom dia!
- bom dia, eu gostaria de marcar um horário com o doutor, é que eu tenho coração concretado e desde ontem sinto um desconforto insuportável.
- desculpe, senhor! já não trabalhamos com corações.
- mas o meu coração é de concreto!
- acho que há um engano, senhor! corações concretados não sentem gasturas, na verdade, corações concretados não sentem!
- mas, mas... eu preciso de ajuda! não aguento mais sentir isso!
- desculpe, senhor, não prestamos este serviço! a concretude agradece o seu contato, trabalhamos para concretizar suas certezas e cristalizar seus sentimentos, garantindo prazer instantâneo todo o tempo. tenha um bom dia!

NÃO SÓ RIO MAIS, *em memória ao finado Rio Doce.*

sobre o atentado terrorista ambiental no Brasil:
fui no toróró beber água
não achei,
só tinha lama.
achei dona Maria,
sem vida.

o Rio Doce amargô,
o vale tá inundado.
bento deixou de ser Rodrigues
e virou alagados.

seus filhos desabrigados,
mari e ana os acolhem.

mineradora não foi,
foram tremores, disse o Bonner.
culpa do acaso,
nenhum responsável.

apenas vítimas.
trabalhadores,
agricultores,
gente simples.

SILÊNCIO!

é pau é pedra.
é o fim do caminho.
é um resto de toco.
é um corpomorto?

restou
juntar os destroços
e contar os corpos.

SORORIDADE

não vem me chamar de irmã,
nem diz que a luta é nossa.
se na calada, em casa,
a negra, a periférica são sempre empregadas.

«ela é da família!», diz a dona.

que zica!
porque só a minha mãe quem serve a comida?
discurso vazio de prática.

na universidade, querem discutir identidade.
roda de conversa, mesa de debates.
turbantes desempoderados se debatem
em cabeças brancas
sustentas por pescoços e costas sem marcas,
sem descendência nagô.

no discurso da sinhá,
SORORIDADE.
tudo inverdade!
quer *status*, curtidas, espaço de fala.
quer ser revolucionária.

saí dessa, Mina!
eu tô ligada que nem é você quem lava suas calcinhas!
revolucionário são os meus cachos armados!

agora na quebrada quer colar, prestigiar.
é a onda do vestir-se do outro.
piada sem graça!

prestigia até o primeiro tiro, se rolar.
porque em *boy* privilegiado, a polícia não atira.
quer dizer, atira, só que a bala é de borracha,

só pra depois virar história na mesa do bar.
mas deixa eu lembrar,
na periferia o tiro é quente e mata.
é corpo estendido no chão,
arrastado na contramão
dos direitos humanos.

**daí não tem história.
é vela, caixão e lágrima.**

falar tamo junto é fácil,
quero ver morar aqui!
ser negra periférica
não é fantasia de carnaval.
quem tem cor passa mal.

coloque-se no seu lugar,
não vem falar por nós.
espaço nosso é meu,
não seu!

é como terreiro, sagrado.
tem que pisar com pés descalços,
humildade e respeito.

não é discurso de ódio,
separatista, enfraquecedor.

é ideia real, papo reto
na sinceridade.

quer falar de igualdade
sororidade?

Só quando as minhas mães
o chão pra vocês não limparem!

SILÊNCIO

fui arrematada por uma gripe tão violenta, que nada feito pela indústria farmacêutica, poderia me livrar. só um remédio tão forte quanto ela pode me curar, pensei. pois bem, acho que um passe e um caldo de mocotó dão conta. fui. fluí. na feira da CEI passei atravessada, apressada, ainda gripada, por ele. mesmo cansada e baixa, aquela voz se fez ouvir. e sabiamente dizia: ela podia sentar e comer com calma. era pra mim aquele conselho. o primeiro, não menos importante conselho, que aquele senhorzinho, com cara de vô, me daria naqueles poucos minutos que estivemos juntos. sentei e disse: o senhor tem razão, ando muito corrida. Sentei e dei início a conversa. tentei compreender o que ele dizia, me esforcei até, porque não queria perder nada. tenho grande apreço em conversar com gente mais experiente que eu, pra vê se aprendo alguma coisa. mas eu não entendia boa parte do que ele me respondia, só algumas palavras soltas. mesmo assim, não deixei de prestar atenção. estava hipnotizada por ele. Perguntei seu nome, não compreendi. perguntei de novo, e o que ele me dizia não chegava aos meus ouvidos. merda! queria guardar algo além do rosto dele, mas parecia impossível. foi quando ouvi em alto e bom som: minha filha, a gente tem o que a gente é! na hora fui tomada por uma série de pensamentos. não é possível! tanta bateção, de carro, de cabeça, de coração... será que é por causa da pressa, dessa correria toda que sou? lá do fundo veio: a gente tem o que a gente é! quando voltei à superfície ele estava se despedindo. agradeci. demos um abraço desajeitado e partimos. deixei um pouco da pressa quando sentei ao lado do senhor 'Calma'. esse foi o nome que dei à ele, acho que lhe serve. passei o dia refletindo sobre o que ouvi e não ouvi. lembrei que o que não entendia eram as respostas dadas às minhas perguntas inúteis. entendi só o que me era indispensável.

IPÊ

tô naqueles dias de seca. não me escorre nenhum verso. nem me rega uma rima. queria ser ipê pra florar na secura.

PAI MENINO

onde vai assim, menino
cor de Ébano,
pele osso,
descalço,
com esse carrinho de frutas?
devia era tá na escola,
aprendendo letras,
contas,
fazendo arte,
estudando história,
geografia
...
a minha escola, moça
é a vida.
faço conta das frutas,
geografia das ruas,
transformando a vida em arte,
escrevendo a minha história
com minhas próprias letras.
...

onde vai tão cedo, menino?
andando aí sozinho
de bucho vazio,
com essa caixa,
sujo de graxa.

uma hora dessa era
pra ainda tá na cama,
findando sono,
tecendo sonho
quentinho na lã.
...
é engraxando sapato
de gente bem vestida
que trago a comida pra casa.
é no sorriso de tranquilidade

costurado no rosto
de minha mãe
com a mistura na mesa,
que encontro fio pra tecer sonho.
de barriga vazia a gente só sonha
com comida, moça.
...
onde vai assim
com tanta pressa, menino?
correndo pra longe
feito presa
do predador.
ligeiro assim,
com essa pele,
esse cabelo,
saindo de onde tu veio,
nessa dita dura vida,
capaz de te darem por
ladrão.
estrada de casca de ovo
pede passos miúdos,
delicados e lentos, menino.
num pise na bola!
...

na bola num hei de tropeçar.
dela faço fita,
chapéu,
balão
que voa pra longe,
pro presente do sonho.

o mundo é uma bola,
um amontoado de
água
mar,
sonho e
terra.
e eu sou o sonho, moça.

VÓ

mãe neném já aprontou o seu vestido, mulher.
tá estirado perto de sua rede, bem passado. caprichado que só ela faz! mandou chamar papai Chico que é pra lhe receber. Neuza já passou o café melado feito rapadura e, ralo feito mijo de galinha. do jeito que cê gosta. tia Nenzinha varreu com gosto o terreiro pra mode cê e Idinha correrem, pra mode prosearem, pra mode matutar e pitar. a senhora vai chegar e há de tá tudo pronto. aquela fartura de sempre, aquela alegria nossa. todo mundo reunido. nós aqui. é quem chora.
lá praquelas bandas, o fole vai comer solto. vai soar riso até o Sol raiar e daí, até depois. e quando a senhora já não se aguentar nas canela, vai ter uma rede prontinha. tio Dédé, quem vai botar bem do ladinho de seu Dominguinho. aí, há de vir um ventinho fresco soprado com carinho dos pulmões dos êres. há de tá um pôr do sol tão bonito, daqueles que se despedem iluminando a casa toda feito tu, minha véia. há de tá um silêncio de mata, não há de haver mais saudade, só a minha. vá, Bó! aproveita o povo,
mas fique ligeira,
não esqueça o caminho,
nem demore a voltar;
agradeço por tudo,
me dê aqui sua benção
e um cheiro.

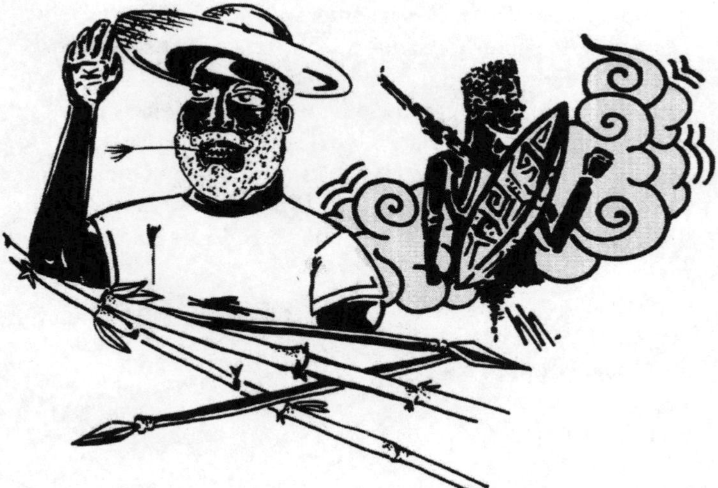

DIÁSPORA

primeiro, nos sequestraram.
nos tiraram de nossas terras
contra nossa vontade,
cruzaram o mar.

lutamos
e resistimos

chegamos nestas terras
doentes,
acorrentados,
vendidos fomos.

separados dos nossos
filhos, pais, irmãos.
nos estupraram.

mas pra eles
correntes
fome,
chicote e
sol quente
ainda era pouco.
algo nos fazia forte.

demonizaram nossos orixás,
criminalizaram nossa capoeira,
nossos quilombos,
extinguiram nossas línguas.

lutamos
e resistimos
nos pelourinhos nos escarnaram.

costas moídas nos troncos,
soluços de dor presos em mordaças.

300 anos e permanecíamos fortes.
Lei Aurea assinada,
sabemos que isso não mudou nada.
jogados nas favelas,
nas marginais, nas periferias
nos subempregos,
nos quartos de despejo.
Esse é o lugar de preto!

longe das universidades,
das oportunidades!
resistimos!

tentaram nos embranquecer,
me chamaram pixaim.
resistimos!

muitos morreram,
muitos sonharam!
I have a dream.
I am a dream!
resistimos!

conquistamos espaços.
a dívida nunca será paga,
nos devem até suas almas!

racismo reverso,
fora macacos cotistas!
queremos e meritocracia!
Gritaram!

rimos!

não aguentariam o tronco,
a senzala e a chibata.

nossa força não tá no
grito.
tá na cor,
tá no sangue,
tá na raça!

AIRAM

acorda antes do Sol raiar,
do primeiro passarinho piar.
passa o café,
manteiga no pão.

acorda o mininu,
ajeita o cabelo,
confere o dinheiro
e saí.

ponto cheio,
ônibus lotado,
trânsito parado,
atraso no trabalho,
desgosto do patrão,
desconto no salário.

vai faltar pro pão!
tem problema não.
no outro dia, segue pra sua missão.
lá fora garoa.
mininu num braço,
no outro a bolsa,
o guarda-chuva,
no coração a esperança.
na cabeça seu mantra:
"esse mininu há de ter um
futuro melhor que o meu!"

são várias jornadas.
trabalha como se não tivesse filho,
cuida do filho como se não trabalhasse.

noite passada, teve briga
com João, que levantou

a mão.
quebrou a louça... a TV...
queimou as roupas e o colchão!
"isso é pra você aprender!
vai dormir no chão, sem roupa,
no frio."

dessa vez não tem perdão, Jão.
dessa vez não!
antes só que dormindo com inimigo!

Levanta, ajeita o menino,
saí.
faz o B.O!

ela não vai mais apanhar.
acabou tempo de chorar.
pra escola vai voltar,
Enem e vestibular
vai prestar.
na universidade ingressar,
chão não vai mais limpar,

outras irmãs ajudar.
porque enquanto uma de nós
ainda sofrer, apanhar e chorar,
a gente não vai descansar!

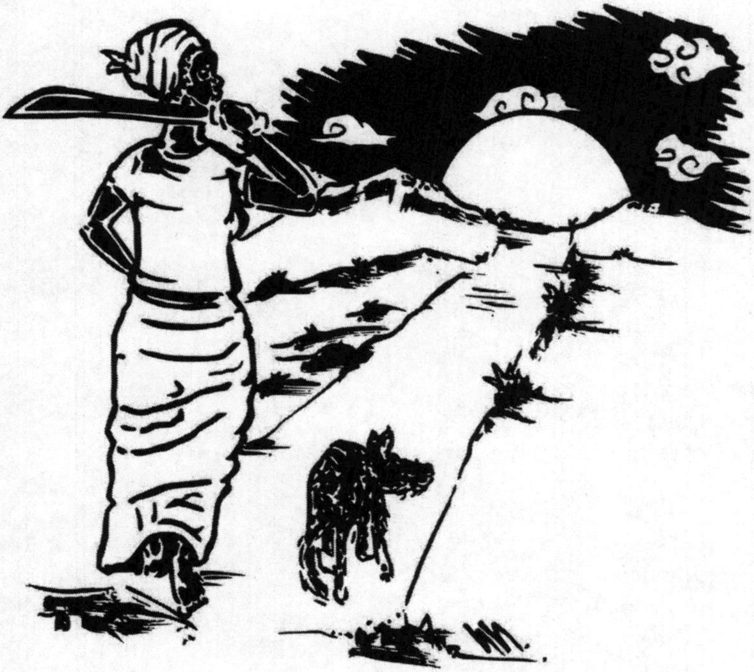

TEIMOSIA

quando me perguntaram o que era ser,
busquei no que hoje não sou
pra dizer que

fui criança morena
sem cor
mulher mulata
sem raça.

invadem-se terras,
saqueiam-se ouro e prata,
marcam-se corpos,
vão-se as 'coroas'
e fica a sabedoria.

feita com raça,
não se desfaz no sangue derramado.

força pulsante nos seios das mães,
grito aos meus:
resistência
pela existência!

de um passado glorioso ocultado,
me diziam que se fosse presente,
pela cor herdada
me restaria a dor
e eu não pude crer.

ainda que aos meus olhos
fossem apresentados
cicatrizes e
aos meus ouvidos insultos.
ainda que de mim fosse feito
o próprio preconceito,
não era eu.

mesmo que a mim fique imposto
o nada,
que me obriguem a ser
ser sem direito,
sou calo em mãos e pés
resistentes,
a teimosia nas universidades
excludentes,
o compromisso da continuidade
da luta de um povo.
sou a resistência ao não.

até aqui a poesia me libertou!

Esta obra foi composta em Arno Pro Light
e impressa pela RENOVAGRAF sobre papel pólen 90g,
para a Editora Malê, em agosto de 2023.